FINANCEMENT CRÉATIF DANS IMMOBILIER

Libérer de la richesse grâce à des stratégies innovantes d'investissement immobilier

GLEEN WILLIAM

Copyright © 2023 par GLEEN WILLIAM

TABLE DES MATIÈRES

INTRODUCTION:

DÉBLOQUER LE MONDE DU FINANCEMENT CRÉATIF DANS L'IMMOBILIER

L'investissement immobilier a longtemps été considéré comme une entreprise lucrative, et les méthodes de financement traditionnelles ont servi de pierre angulaire à de nombreuses transactions réussies. Cependant, dans le paysage dynamique de l'immobilier, le concept de financement créatif est apparu comme un outil puissant pour les investisseurs à la recherche de solutions innovantes pour relever les défis du marché. Cette introduction vise à mettre en lumière l'essence du financement créatif, son importance et le rôle central qu'il joue dans la refonte du paradigme traditionnel de l'investissement immobilier.

Définition du financement créatif :

Le financement créatif dans l'immobilier fait référence aux méthodes et stratégies alternatives utilisées par les investisseurs pour obtenir un financement pour l'acquisition de propriétés au-delà des prêts bancaires conventionnels. Cela implique de sortir du cadre de financement traditionnel et d'explorer des approches inventives qui peuvent être adaptées à des transactions et à des circonstances spécifiques.

Contrairement aux méthodes traditionnelles qui reposent souvent sur des structures hypothécaires standard, le financement créatif permet aux investisseurs de personnaliser les arrangements financiers pour répondre aux besoins uniques d'une transaction.

Importance du financement créatif dans l'immobilier :

L'importance du financement créatif réside dans sa capacité à offrir aux investisseurs flexibilité et adaptabilité dans diverses conditions de marché. Dans un scénario de financement conventionnel, les investisseurs peuvent être confrontés à des défis liés aux critères de prêt stricts, aux évaluations de solvabilité et aux exigences de mise de fonds. Le financement créatif, en revanche, ouvre la porte aux investisseurs pour surmonter ces obstacles, rendant l'investissement immobilier accessible à un plus large éventail de particuliers.

De plus, le financement créatif devient particulièrement utile dans les situations où les options de financement traditionnelles ne sont pas facilement disponibles.

Les investisseurs confrontés à des propriétés en difficulté, à des circonstances de marché uniques ou à des propriétés présentant des caractéristiques non conventionnelles trouvent souvent un financement créatif déterminant pour structurer des transactions qui correspondent aux nuances spécifiques de la transaction.

En adoptant un financement créatif, les investisseurs peuvent également débloquer de nouvelles opportunités de profit. Cela leur permet de négocier des conditions favorables, de structurer des accords gagnant-gagnant et d'optimiser les arrangements financiers pour améliorer le retour sur investissement. La capacité de gérer des transactions immobilières complexes avec des stratégies de financement créatives permet aux investisseurs de se démarquer sur un marché concurrentiel et de capitaliser sur des opportunités qui pourraient être négligées par ceux qui s'appuient uniquement sur les voies de financement traditionnelles.

Essentiellement, l'importance du financement créatif dans l'immobilier réside dans sa capacité à s'affranchir des contraintes du financement conventionnel, en proposant une approche dynamique et adaptable qui s'aligne sur la nature en constante évolution du marché immobilier.

Naviguer dans le changement de paradigme :

Alors que le paysage immobilier continue d'évoluer, un changement de paradigme est en cours, incitant les investisseurs à explorer au-delà des méthodes éprouvées du passé.

L'introduction d'un financement créatif représente une rupture avec la norme, encourageant les investisseurs à penser de manière créative, à résoudre des problèmes et à innover.

Ce changement n'est pas simplement une tendance mais un changement fondamental dans la manière dont les investisseurs immobiliers abordent le financement, reconnaissant qu'il n'y a pas de solution unique dans le monde complexe des transactions immobilières.

Ce changement de paradigme reflète également une reconnaissance plus large de la diversité des besoins et des circonstances des investisseurs immobiliers. Le financement créatif reconnaît que chaque transaction est unique et qu'une approche de financement universelle n'est peut-être pas optimale. En adoptant ce changement, les investisseurs se positionnent pour s'adapter aux conditions changeantes du marché, capitaliser sur les opportunités émergentes et atténuer les risques plus efficacement.

En conclusion, cette introduction ouvre la voie à une exploration complète du financement créatif dans l'immobilier. Il met en évidence le pouvoir transformateur du financement créatif, son importance pour surmonter les défis et son rôle dans la refonte des pratiques d'investissement traditionnelles. Au fur et à mesure que nous approfondirons les sections suivantes, nous découvrirons des stratégies spécifiques, des études de cas et des informations qui éclairent la voie vers un investissement immobilier réussi à travers le prisme d'un financement créatif.

TRADITIONNEL VS. FINANCEMENT CRÉATIF :
NAVIGUER DANS LE SPECTRE DE L'INVESTISSEMENT IMMOBILIER

Dans le domaine de l'investissement immobilier, la dichotomie entre méthodes de financement traditionnelles et créatives représente un choix crucial pour les investisseurs. Comprendre les nuances de chaque approche est essentiel pour naviguer dans le paysage complexe des transactions immobilières. Cette section vise à fournir une exploration complète des distinctions entre le financement traditionnel et créatif, en offrant un aperçu de leurs avantages respectifs, de leurs limites et de la dynamique évolutive qui façonne les décisions des investisseurs avisés.

Aperçu des méthodes de financement traditionnelles :

Les méthodes de financement traditionnelles constituent depuis longtemps le fondement de l'investissement immobilier.

Cette catégorie englobe des approches familières telles que les prêts bancaires, les prêts hypothécaires conventionnels et les prêts garantis par le gouvernement.

Ces méthodes impliquent généralement un processus de demande simple, les prêteurs évaluant des facteurs tels que les antécédents de crédit, la stabilité des revenus et l'évaluation de la propriété pour déterminer l'éligibilité au prêt.

L'un des principaux avantages du financement traditionnel est la disponibilité de conditions et de taux d'intérêt standardisés, offrant aux investisseurs prévisibilité et stabilité dans leurs engagements financiers. De plus, les prêts traditionnels sont souvent assortis de périodes de remboursement plus longues, ce qui permet aux investisseurs d'étaler leurs paiements sur une période plus longue.

Cependant, la voie conventionnelle présente également son lot de défis. Des critères d'éligibilité stricts peuvent limiter l'accès à certains investisseurs, en particulier ceux dont les cotes de crédit sont loin d'être idéales ou dont les sources de revenus sont non conventionnelles.

Le long processus d'approbation et la paperasserie abondante peuvent également entraver la flexibilité requise dans certaines transactions immobilières, pour lesquelles le timing est essentiel.

Avantages et limites du financement traditionnel :

Le financement traditionnel offre un sentiment de sécurité et de familiarité, ce qui en fait un choix privilégié pour de nombreux investisseurs. La stabilité assurée par les taux d'intérêt fixes et les conditions de prêt standard favorise la confiance dans la planification financière. Pour les investisseurs présentant de solides profils de crédit et des revenus stables, le financement traditionnel peut être une option simple et fiable.

Cependant, les limites du financement traditionnel deviennent apparentes dans les scénarios où la flexibilité et la créativité sont primordiales.

Par exemple, les investisseurs qui envisagent des propriétés en difficulté ou nécessitant des rénovations importantes peuvent trouver les prêteurs traditionnels hésitants à accorder un financement en raison des risques perçus associés à de telles entreprises.

Introduction aux alternatives de financement créatives :

Le financement créatif apparaît comme une alternative intéressante précisément parce qu'il répond aux limites des méthodes traditionnelles.

Contrairement à la nature standardisée des prêts traditionnels, le financement créatif englobe un éventail de stratégies non traditionnelles qui permettent aux investisseurs d'adapter les arrangements financiers aux caractéristiques uniques d'une transaction.

Le financement créatif comprend diverses approches telles que le financement du vendeur, les options de location, les transactions soumises à conditions, les prêts hypothécaires globaux et les prêts privés.

Chaque stratégie s'écarte des structures rigides du financement traditionnel, introduisant de la flexibilité, de l'innovation et la possibilité d'accords mutuellement avantageux entre acheteurs et vendeurs.

Stratégies de financement créatives :

1. **Financement du vendeur :**

Dans le financement du vendeur, le vendeur immobilier agit en tant que prêteur, permettant à l'acheteur de lui effectuer des paiements directement sur une période convenue.

Cette méthode est particulièrement avantageuse pour les acheteurs confrontés à des difficultés avec le financement traditionnel, car elle offre une possibilité de négociation en dehors des contraintes bancaires.

2. **Options de location :**

Les options de location accordent à l'acheteur le droit d'acheter la propriété à un prix prédéterminé dans un délai spécifié. Pendant la durée du bail, l'acheteur peut occuper la propriété, ce qui lui laisse le temps d'obtenir un financement traditionnel ou de relever des défis financiers spécifiques.

3. **Transactions soumises à**:

Les transactions assujetties consistent à acquérir un bien « sous réserve » de son financement existant. Cette stratégie permet aux investisseurs de prendre en charge les versements hypothécaires du vendeur tout en devenant propriétaires du bien. Il est souvent utilisé lorsque les conditions hypothécaires existantes sont favorables.

4. **Hypothèques globales :**

Un prêt hypothécaire global consiste à créer un nouveau prêt hypothécaire qui « enveloppe » le prêt existant. L'acheteur effectue des paiements au vendeur sur la base des conditions hypothécaires globales, offrant ainsi une structure de financement alternative.

5. **Prêts privés :**

Le prêt privé consiste à obtenir des fonds auprès de particuliers ou d'investisseurs plutôt que d'institutions financières traditionnelles. Cette méthode peut offrir plus de flexibilité en termes de conditions, de taux d'intérêt et de processus d'approbation.

Ces stratégies de financement créatives permettent aux investisseurs de structurer des transactions qui ne seraient peut-être pas réalisables par les moyens traditionnels. Ils favorisent une approche collaborative entre acheteurs et vendeurs, permettant des solutions innovantes aux défis de financement et la réalisation de résultats mutuellement bénéfiques.

6. Études de cas:

L'exploration d'études de cas réelles fournit des exemples concrets de la manière dont des stratégies de financement créatives ont été mises en œuvre avec succès.

Qu'il s'agisse d'un accord de financement du vendeur qui a facilité la vente d'une propriété unique ou d'une option de location qui a permis à un acheteur de surmonter les premiers obstacles financiers, les études de cas offrent des informations précieuses sur l'application pratique d'un financement créatif dans divers scénarios immobiliers.

Analyse des défis communs et des solutions :

Même si le financement créatif introduit un éventail de possibilités, il n'est pas sans défis. Aborder des questions telles que les considérations juridiques, la gestion des risques et la négociation efficace est primordial. Cette section examine les défis potentiels qui peuvent survenir dans les opérations de financement créatives et propose des solutions stratégiques pour atténuer les risques et améliorer les chances de succès.

En conclusion, cette exploration du financement traditionnel par rapport au financement créatif ouvre la voie à une compréhension plus approfondie des choix qui s'offrent aux investisseurs immobiliers. À mesure que nous avançons, nous approfondirons des stratégies de financement créatives spécifiques, en examinant leurs subtilités, leurs avantages et leurs pièges potentiels.

L'objectif est de doter les investisseurs des connaissances et des idées nécessaires pour naviguer dans le paysage changeant de l'investissement immobilier et tirer parti des méthodes de financement les plus efficaces adaptées à leur situation particulière.

STRATÉGIES DE FINANCEMENT CRÉATIVES :

DÉBLOQUER DES VOIES INNOVANTES DANS L'INVESTISSEMENT IMMOBILIER

Des stratégies de financement créatives dans l'immobilier sont la clé pour débloquer des voies non conventionnelles mais très efficaces de financement et de structuration d'accords. Dans cette section, nous explorerons cinq stratégies de financement créatives distinctes, chacune offrant une approche unique des transactions immobilières. Du financement du vendeur au prêt privé, ces stratégies permettent aux investisseurs de naviguer dans divers scénarios, de négocier des conditions favorables et de surmonter les limites des méthodes de financement traditionnelles.

Financement du vendeur :

Le financement du vendeur, également connu sous le nom de financement du propriétaire, est une stratégie de financement créative et puissante qui permet aux acheteurs d'acquérir une propriété directement auprès du vendeur sans recourir aux prêteurs traditionnels.

Dans cet arrangement, le vendeur devient essentiellement le prêteur, fournissant un financement à l'acheteur.

L'acheteur effectue des paiements réguliers, comprenant le principal et les intérêts, directement au vendeur sur une période convenue.

Avantages:

1. **Flexibilité accrue**: Le financement vendeur offre une plus grande flexibilité en termes d'acompte, de taux d'intérêt et de modalités de remboursement, puisque les négociations sont menées directement avec le vendeur.

2. **Pool d'acheteurs élargi**: Les vendeurs employant cette stratégie peuvent attirer un bassin plus large d'acheteurs potentiels, en particulier ceux qui peuvent avoir du mal à obtenir un financement par les canaux traditionnels.

3. **Transactions plus rapides**: L'absence de processus bancaires traditionnels conduit souvent à des transactions plus rapides et plus rationalisées, bénéficiant aux deux parties.

Considérations :

1. **Documentation juridique**: Une documentation juridique claire et complète est essentielle pour formaliser l'accord de financement du vendeur, décrivant les conditions, les responsabilités et les éventualités potentielles.

2. **Vérifications nécessaires:** Les deux parties doivent faire preuve d'une diligence raisonnable approfondie pour s'assurer qu'elles concluent un accord sûr et mutuellement avantageux.

Options de location :

Les options de location combinent des éléments d'un contrat de location traditionnel avec la possibilité pour le locataire d'acheter la propriété dans un délai spécifié.

Dans cet arrangement, un locataire paie un loyer et peut également payer des frais d'option initiaux supplémentaires pour avoir le droit d'acheter la propriété à un prix prédéterminé.

Avantages:

1. **Flexibilité du locataire**: Les options de location offrent aux locataires la flexibilité de vivre et potentiellement d'acheter une propriété sans un engagement financier important immédiat.

2. **Appréciation future :** Si le bien prend de la valeur pendant la durée du bail, le locataire-acheteur peut bénéficier de l'augmentation des capitaux propres.

Considérations :

1. **Clarté juridique :** Des termes clairement définis dans le contrat d'option de location sont essentiels pour éviter les malentendus et les litiges.

2. **Maintenance de la propriété:** La détermination des responsabilités en matière d'entretien et de réparation de la propriété doit être clairement définie dans l'accord.

Transactions soumises à :

Les transactions soumises à condition consistent à acquérir un bien « sous réserve » du financement existant en place. En d'autres termes, l'acheteur devient propriétaire de la propriété tout en laissant en place l'hypothèque existante du vendeur.

Avantages:

1. **Conditions hypothécaires avantageuses :** Si l'hypothèque existante présente des conditions avantageuses, les transactions sous réserve permettent à l'acheteur de bénéficier de ces conditions sans avoir à obtenir un nouveau prêt.

2. **Fermeture plus rapide**: Étant donné que les transactions soumises à conditions ne nécessitent pas une nouvelle approbation hypothécaire, elles peuvent souvent être conclues plus rapidement que les transactions traditionnelles.

Considérations :

3. **Vérifications nécessaires:** Une compréhension approfondie des conditions hypothécaires existantes et des risques potentiels est cruciale avant de conclure une transaction sujette à caution.

4. **Coopération du vendeur**: Il est essentiel d'avoir une communication ouverte avec le vendeur, car sa coopération est essentielle pour faciliter le transfert de la propriété faisant l'objet du financement existant.

Hypothèques globales :

Une hypothèque globale, ou wraparound, consiste à créer une nouvelle hypothèque qui « enveloppe » l'existante. L'acheteur effectue des paiements au vendeur en fonction des conditions du prêt hypothécaire global, tandis que le vendeur continue d'effectuer des paiements sur le prêt hypothécaire initial.

Avantages:

1. **Flexibilité dans les termes**: Les prêts hypothécaires enveloppants offrent une flexibilité dans les conditions de négociation, y compris les taux d'intérêt et les calendriers de remboursement.

2. **Attrayant pour les vendeurs**: Cette stratégie peut s'avérer intéressante pour les vendeurs qui cherchent un moyen de vendre leur propriété tout en conservant un prêt hypothécaire existant.

Considérations :

1. **Vérifications nécessaires**: Comprendre les conditions du prêt hypothécaire initial et du prêt hypothécaire global est crucial pour éviter les complications.

2. **Documentation juridique**: Comme d'autres stratégies de financement créatives, les prêts hypothécaires enveloppants nécessitent une documentation claire et juridiquement solide pour protéger les intérêts des deux parties.

Prêts privés :

Le prêt privé consiste à obtenir des fonds auprès de particuliers ou d'investisseurs plutôt que d'institutions financières traditionnelles. Cette stratégie offre une source alternative de financement qui peut être adaptée aux besoins spécifiques d'une transaction immobilière.

Avantages:

1. **Flexibilité dans les termes**: Les prêts privés permettent des conditions générales personnalisées, offrant plus de flexibilité que les prêts traditionnels.

2. **Approbation plus rapide :** Les prêteurs privés disposent souvent d'un processus d'approbation plus simplifié, permettant un accès plus rapide aux fonds.

Considérations :

1. **Établissement de relations**: Établir la confiance et établir des relations avec les prêteurs privés est crucial pour une collaboration continue.

2. **Conditions claires**: Définir clairement les termes de l'accord de prêt privé est essentiel pour éviter les malentendus et les conflits.

Ces stratégies de financement créatives mettent en valeur l'adaptabilité et l'ingéniosité dont les investisseurs peuvent faire preuve pour structurer des transactions immobilières. Chaque stratégie comporte son ensemble unique d'avantages et de considérations, soulignant l'importance d'une diligence raisonnable approfondie, de la clarté juridique et d'une communication efficace pour maximiser le succès.

Au fur et à mesure que nous approfondirons les études de cas réels et explorerons les considérations juridiques dans les sections suivantes, une compréhension plus complète de ces stratégies se développera, dotant les investisseurs des outils nécessaires pour naviguer dans le paysage diversifié de l'investissement immobilier.

ÉTUDES DE CAS:

LES SUCCÈS ET LES DÉFIS DU FINANCEMENT CRÉATIF DANS L'IMMOBILIER

Les investisseurs immobiliers se trouvent souvent à la croisée des opportunités et des défis, naviguant dans les complexités des transactions avec créativité et innovation. Dans cette section, nous approfondirons des études de cas réels qui éclairent l'application réussie de stratégies de financement créatives. Ces histoires fournissent des informations précieuses sur la manière dont les investisseurs ont surmonté les obstacles, négocié des conditions favorables et obtenu des résultats positifs grâce à leur ingéniosité et leur réflexion stratégique.

Exemples concrets d'accords de financement créatifs réussis :

Les investisseurs immobiliers qui naviguent dans le paysage du financement créatif trouvent souvent inspiration et conseils dans les réussites de leurs pairs.

Dans cette section, nous examinons des études de cas réelles qui illustrent la puissance et la polyvalence des stratégies de financement créatives, montrant comment les investisseurs ont surmonté les défis et conclu des accords mutuellement avantageux.

Étude de cas 1 : Triomphe du financement des vendeurs

Dans un marché concurrentiel où les voies de financement traditionnelles étaient limitées, un investisseur avisé a tiré parti du financement du vendeur pour acquérir une propriété unique. Le vendeur, motivé à conclure la transaction rapidement, a accepté d'agir à titre de prêteur. Les négociations ont abouti à des conditions flexibles, notamment un taux d'intérêt inférieur à celui du marché et un acompte minimal. Cela a non seulement permis à l'investisseur d'acquérir la propriété sans les obstacles financiers habituels, mais a également favorisé une relation positive avec le vendeur. Le résultat positif a démontré l'efficacité du financement des vendeurs dans la création de scénarios gagnant-gagnant pour les deux parties.

Étude de cas 2 : Histoire de réussite d'une option de location

Une propriété présentant un potentiel de plus-value important a fait l'objet d'une option de location. L'investisseur, conscient du potentiel de la propriété, a conclu un contrat d'option de location avec le propriétaire. Le locataire-acheteur, désireux d'acquérir la propriété à un prix prédéterminé, a payé d'avance des frais d'option.

Au cours de la durée du bail, la valeur du bien a augmenté, permettant au locataire-acheteur d'exercer l'option et d'acheter le bien au prix convenu.

Ce cas a mis en évidence l'utilisation stratégique des options de location pour capitaliser sur la plus-value future de la propriété tout en offrant une flexibilité au locataire-acheteur.

Étude de cas 3 : Transactions soumises à conditions dans un marché en difficulté

Au milieu d'un ralentissement du marché, un investisseur a identifié une opportunité dans des propriétés en difficulté, mais a rencontré des difficultés pour obtenir un financement traditionnel.

Adoptant les transactions soumises à conditions, l'investisseur a acquis des propriétés « soumises » aux hypothèques existantes. Cela leur a permis de profiter de conditions hypothécaires avantageuses tout en allégeant la pression financière des propriétaires en difficulté. L'investisseur a réussi à relever les défis d'un marché turbulent, démontrant la résilience et l'adaptabilité des transactions soumises à des conditions économiques non conventionnelles.

Étude de cas 4 : Prêt hypothécaire global gagnant-gagnant

Un vendeur disposant d'un prêt hypothécaire recherchait une solution créative pour attirer des acheteurs sur un marché concurrentiel.

Entrez dans la stratégie hypothécaire globale. Le vendeur et l'acheteur ont négocié des conditions comprenant un prêt hypothécaire global avec des taux d'intérêt avantageux. L'acheteur a effectué des paiements au vendeur sur la base des conditions du prêt hypothécaire global, tandis que le vendeur a continué à effectuer des paiements sur le prêt hypothécaire initial.

Cet arrangement a facilité la vente de la propriété, offrant une solution innovante répondant aux besoins du vendeur et aux contraintes de financement de l'acheteur.

Étude de cas 5 : Partenariat de prêt privé

Confronté à des difficultés pour obtenir un prêt traditionnel pour une propriété commerciale, un investisseur s'est tourné vers le prêt privé. Grâce au réseautage et à l'établissement de relations, l'investisseur a obtenu des fonds auprès d'un prêteur privé intéressé par l'investissement immobilier. Les conditions ont été adaptées aux besoins spécifiques de la transaction, notamment un taux d'intérêt compétitif et un calendrier de remboursement flexible.

Ce partenariat réussi a mis en évidence l'importance d'entretenir des relations dans le domaine des prêts privés, démontrant comment cette stratégie peut combler les déficits de financement dans les projets immobiliers non conventionnels.

Analyse des défis communs et des solutions :

Même si les stratégies de financement créatives offrent des solutions dynamiques, elles ne sont pas sans difficultés.

Analyser les obstacles courants et proposer des solutions stratégiques est crucial pour les investisseurs qui souhaitent maximiser l'efficacité de ces approches innovantes.

Défi 1 : Complexité juridique

Solution : Une documentation juridique complète est primordiale dans les accords de financement créatifs. La recherche d'une expertise juridique pour rédiger des accords complets décrivant les responsabilités, les éventualités et les mécanismes de règlement des différends permet d'atténuer les risques juridiques. Investir dans un conseiller juridique garantit que toutes les parties sont protégées et que la transaction respecte les lois et réglementations immobilières en vigueur.

Défi 2 : Diligence raisonnable

Solution : Une diligence raisonnable approfondie est essentielle dans un financement créatif pour comprendre les conditions hypothécaires existantes, les conditions de la propriété et les risques potentiels.

Les investisseurs doivent procéder à des inspections approfondies, examiner les dossiers financiers et vérifier les titres de propriété. En investissant du temps et des ressources dans la diligence raisonnable, les investisseurs peuvent prendre des décisions éclairées, identifier les défis potentiels dès le début et structurer les transactions avec une compréhension claire des risques associés.

Défi 3 : Communication et négociation

Solution : Des compétences efficaces en communication et en négociation sont primordiales dans un financement créatif. Un dialogue ouvert et transparent entre acheteurs et vendeurs favorise la confiance et la compréhension. Les investisseurs doivent aborder les négociations dans un esprit de collaboration, en recherchant des résultats mutuellement bénéfiques.

En répondant aux préoccupations, en clarifiant les attentes et en trouvant un terrain d'entente, les investisseurs peuvent gérer les conflits potentiels et établir des relations positives qui contribuent au succès de la transaction.

Défi 4 : Fluctuations du marché

Solution : Les opérations de financement créatives ne sont pas à l'abri des fluctuations du marché. Les investisseurs doivent anticiper et planifier les changements dans les conditions du marché.

La flexibilité dans l'adaptation des stratégies, le fait de rester informé des tendances du marché et la mise en place de plans d'urgence contribuent à atténuer l'impact des changements économiques. Rester agile et proactif face à l'évolution de la dynamique du marché est essentiel pour garantir le succès à long terme des projets de financement créatifs.

Défi 5 : Risques de financement

Solution : Chaque stratégie de financement comporte des risques inhérents. Pour gérer ces risques, les investisseurs doivent diversifier leurs connaissances sur les méthodes de financement créatives, évaluer soigneusement la viabilité financière des transactions et mettre en œuvre des stratégies d'atténuation des risques. Comprendre les implications financières de chaque stratégie, y compris les problèmes potentiels de flux de trésorerie et les stratégies de sortie, permet aux investisseurs de prendre des décisions éclairées et de gérer efficacement les incertitudes.

En conclusion, des études de cas réels et l'analyse des défis et solutions communs soulignent le potentiel transformateur du financement créatif dans l'immobilier.

Apprendre des transactions réussies et relever les défis communs avec des solutions stratégiques donne aux investisseurs les connaissances et les perspectives nécessaires pour naviguer dans le paysage dynamique de l'investissement immobilier.

À mesure que nous avançons, l'exploration des considérations juridiques et des tendances futures améliorera encore la capacité des investisseurs à exploiter l'ensemble de la gamme de stratégies de financement créatives pour un succès optimal dans leurs projets immobiliers.

CONSIDÉRATIONS JURIDIQUES DANS LE FINANCEMENT IMMOBILIER CRÉATIF :

NAVIGUER EN CONFORMITÉ, CONTRATS ET ATTÉNUATION DES RISQUES

Un engagement réussi dans un financement immobilier créatif nécessite une compréhension nuancée du paysage juridique. Cette section explorera trois aspects essentiels des considérations juridiques : le respect des lois et réglementations immobilières, la rédaction et la révision de contrats de financement créatifs et la tâche cruciale d'atténuation des risques pour garantir la sécurité juridique. En approfondissant ces éléments, les investisseurs immobiliers peuvent sauvegarder leurs intérêts, adhérer aux cadres juridiques et favoriser des transactions réussies et juridiquement solides.

Conformité aux lois et réglementations immobilières :

Les investisseurs qui s'engagent dans un financement immobilier créatif doivent naviguer dans un réseau complexe de lois et de réglementations régissant les transactions immobilières.

La conformité n'est pas seulement une bonne pratique ; c'est un impératif légal. Cela implique le respect des lois immobilières fédérales, étatiques et locales qui régissent des aspects tels que les transferts de propriété, les divulgations et les modalités de financement.

Vérifications nécessaires:

Avant de conclure une opération de financement créative, les investisseurs doivent procéder à une vérification préalable approfondie pour comprendre les exigences juridiques spécifiques applicables à la propriété et au type de transaction. Cela comprend la recherche des lois de zonage, des codes du bâtiment et de toute restriction pouvant avoir un impact sur l'utilisation ou le développement prévu de la propriété.

Exigences de divulgation :

Le respect des lois sur la divulgation est primordial. Les vendeurs et les investisseurs doivent être transparents sur les termes de l'accord de financement créatif, les risques potentiels et tout fait important pouvant avoir un impact sur la valeur ou l'attrait de la propriété.

Lois anti-discrimination :

Le respect des lois anti-discrimination, telles que le Fair Housing Act, est essentiel. Les accords de financement créatifs doivent être structurés et exécutés de manière à éviter toute discrimination fondée sur des facteurs tels que la race, la couleur, la religion, le sexe, la situation familiale, l'origine nationale ou le handicap.

Lois sur l'usure :

Les investisseurs doivent être conscients des lois sur l'usure, qui réglementent les taux d'intérêt maximaux pouvant être facturés sur les prêts. Dans certains accords de financement créatifs, les taux d'intérêt peuvent être négociés et le dépassement des limites légales peut entraîner de graves conséquences.

Implications de taxes:

Comprendre les implications fiscales est crucial. Différentes structures de financement peuvent avoir des conséquences fiscales variables pour les acheteurs et les vendeurs.

Consulter des fiscalistes peut garantir le respect des lois fiscales et l'optimisation des résultats financiers.

Consultation juridique :

Engager des professionnels du droit possédant une expertise en droit immobilier est une étape proactive. La consultation juridique peut apporter des éclaircissements sur les exigences juridiques spécifiques, les pièges potentiels et les stratégies visant à garantir la conformité tout au long du processus de financement créatif.

Accords contractuels : rédaction et révision des contrats de financement créatif :

Les accords de financement créatifs dépendent d'accords contractuels bien rédigés qui définissent clairement les droits, les responsabilités et les obligations de toutes les parties impliquées. La rédaction et la révision de ces contrats nécessitent de la précision, une attention aux détails et une compréhension globale des implications juridiques.

Conditions claires et précises :

Les contrats doivent énoncer clairement les termes de l'accord de financement.

Cela comprend des détails tels que le prix d'achat, les conditions de financement, les échéanciers de paiement, les taux d'intérêt (le cas échéant) et toutes les conditions suspensives à la transaction.

Éventualités et clauses de sauvegarde :

Les contrats bien rédigés intègrent des éventualités et des clauses de sauvegarde pour protéger toutes les parties impliquées. Ces clauses peuvent concerner des scénarios tels que les résultats de l'inspection de la propriété, les imprévus de financement ou les événements imprévus qui pourraient avoir un impact sur la réussite de la transaction.

Examen juridique :

Les acheteurs et les vendeurs devraient avoir une représentation juridique pour examiner et conseiller sur les accords contractuels. Les professionnels du droit peuvent identifier les risques potentiels, garantir la conformité légale et suggérer des modifications pour protéger les intérêts de leurs clients.

Modes alternatifs de règlement des litiges (ADR) :

L'inclusion de dispositions prévoyant des mécanismes alternatifs de règlement des différends, tels que l'arbitrage ou la médiation, dans le contrat peut rationaliser la résolution des conflits et potentiellement éviter des litiges coûteux.

Conformité aux lois applicables :

Les contrats doivent être conformes aux lois et réglementations immobilières applicables. Ne pas le faire peut entraîner des contestations judiciaires et mettre en péril la validité de l'accord.

Considérations particulières pour chaque stratégie :

Différentes stratégies de financement créatives peuvent nécessiter des considérations contractuelles spécifiques. Par exemple, les contrats de financement du vendeur peuvent inclure des conditions liées au billet à ordre, tandis que les contrats d'option de location peuvent délimiter les droits et responsabilités du locataire-acheteur pendant la période de location.

Atténuer les risques et assurer la sécurité juridique :

L'atténuation des risques est un principe central d'un investissement immobilier réussi. Dans le contexte d'un financement créatif, les investisseurs doivent mettre en œuvre des stratégies pour assurer la sécurité juridique et se protéger contre d'éventuelles contestations judiciaires.

Diligence raisonnable approfondie :

Une diligence raisonnable rigoureuse constitue la première ligne de défense contre les risques juridiques. Il est essentiel d'enquêter sur le titre de propriété, les privilèges et toute charge juridique potentielle avant de s'engager dans un accord de financement créatif.

Assurance titres :

L'assurance titres offre une couche supplémentaire de protection contre les défauts de titre ou les réclamations imprévus.

Ceci est particulièrement crucial dans les opérations de financement créatives où la propriété est transférée par des méthodes non conventionnelles.

Structuration des entités juridiques :

Les investisseurs font souvent appel à des entités juridiques, telles que des sociétés à responsabilité limitée (SARL) ou des fiducies, pour structurer des opérations de financement créatives.

Une bonne structuration de l'entité peut aider à protéger les actifs personnels, à limiter la responsabilité et à fournir un cadre juridique pour la transaction.

Couverture d'assurance complète :

Une couverture d'assurance adéquate, y compris une assurance des biens et une assurance responsabilité civile, est primordiale. Les investisseurs doivent travailler avec des professionnels de l'assurance pour adapter la couverture aux aspects uniques de l'accord de financement créatif.

Clauses d'atténuation des risques :

Les contrats doivent inclure des clauses qui traitent explicitement des risques potentiels et décrivent comment ils seront atténués.

Cela peut inclure des imprévus liés aux inspections de la propriété, aux approbations de financement ou à d'autres facteurs qui pourraient avoir une incidence sur la réussite de la transaction.

Examen juridique à chaque étape :

Un examen juridique continu à différentes étapes de la transaction est crucial. Les professionnels du droit peuvent identifier les risques émergents, garantir le respect des lois en évolution et fournir des conseils en temps opportun pour atténuer les défis juridiques potentiels.

Documentation et tenue de registres :

Une documentation et une tenue de registres méticuleuses sont fondamentales pour la sécurité juridique.

Conserver un enregistrement complet de toutes les communications, accords et transactions peut être inestimable en cas de litige.

Formation juridique continue :

Les lois et règles relatives à l'immobilier pourraient changer. Les investisseurs doivent donner la priorité à la formation juridique continue pour rester informés des mises à jour susceptibles d'avoir un impact sur leurs stratégies de financement créatives.

En conclusion, naviguer dans le paysage juridique du financement immobilier créatif nécessite une approche proactive et éclairée.

Le respect des lois immobilières, la rédaction et la révision méticuleuses des contrats ainsi qu'une solide stratégie d'atténuation des risques sont des éléments cruciaux pour garantir la sécurité juridique tout au long de la transaction. En donnant la priorité aux considérations juridiques, les investisseurs peuvent non seulement protéger leurs intérêts, mais également favoriser une base de confiance et de transparence dans leurs transactions, conduisant à des transactions de financement créatives réussies et juridiquement solides.

COMPÉTENCES DE NÉGOCIATION ET DE COMMUNICATION EN FINANCEMENT IMMOBILIER CRÉATIF :

FORGER LE SUCCÈS DANS DES AFFAIRES NON CONVENTIONNELLES

Dans le domaine du financement immobilier créatif, de bonnes compétences en négociation et en communication ne sont pas seulement des atouts précieux : ce sont des outils essentiels qui peuvent faire ou défaire une transaction. Cette section explore les subtilités d'une communication efficace avec les vendeurs et les investisseurs, explore les techniques de négociation adaptées aux opérations de financement créatives et souligne l'importance primordiale d'instaurer la confiance dans les transactions immobilières non conventionnelles.

Communication efficace avec les vendeurs et les investisseurs :

Une communication efficace constitue la base de transactions immobilières réussies, en particulier dans le domaine du financement créatif où les stratégies non conventionnelles nécessitent un dialogue clair et transparent entre les parties.

Comprendre les objectifs :

Avant de s'engager dans des négociations, il est essentiel que les investisseurs comprennent les objectifs des vendeurs et des investisseurs. Une écoute attentive de leurs besoins, de leurs motivations et de leurs attentes constitue la base pour élaborer des solutions de financement créatives qui répondent aux intérêts de toutes les parties impliquées.

Transparence et clarté :

Communiquer avec transparence et clarté est fondamental. Exprimer clairement les termes de l'accord de financement créatif, les risques potentiels et les avantages favorise un environnement de confiance et garantit que toutes les parties sont sur la même longueur d'onde.

Communication pédagogique :

Le financement créatif fait souvent appel à des méthodes non conventionnelles que les vendeurs ou les investisseurs ne connaissent peut-être pas. Les investisseurs doivent recourir à une communication pédagogique, expliquant les nuances de la stratégie choisie, ses avantages potentiels et les risques associés. Fournir des informations et répondre aux questions contribuent à renforcer la confiance et la compréhension.

Écoute active:

L'écoute active est une puissante compétence de communication. En écoutant attentivement les préoccupations, les préférences et les priorités des vendeurs et des investisseurs, les négociateurs peuvent adapter leur approche et leurs propositions pour les aligner sur les intérêts de toutes les parties impliquées.

Mises à jour régulières :

Il est essentiel de maintenir des lignes de communication ouvertes grâce à des mises à jour régulières. Tenir les vendeurs et les investisseurs informés de l'avancement de la transaction, des défis potentiels et de tout ajustement du plan renforce la confiance et garantit que chacun reste engagé dans le processus.

Techniques de négociation pour des accords de financement créatifs :

La négociation est un art et, dans le contexte d'un financement immobilier créatif, elle devient une danse stratégique dans laquelle les investisseurs cherchent à créer des accords mutuellement avantageux. Voici les techniques de négociation clés adaptées aux accords de financement créatifs :

Esprit gagnant-gagnant :

Adopter un état d'esprit gagnant-gagnant est essentiel à une négociation réussie. Dans le financement créatif, l'objectif est de créer des solutions qui profitent à la fois à l'acheteur et au vendeur. Cet état d'esprit favorise la collaboration et augmente la probabilité de parvenir à des accords satisfaisant toutes les parties.

Flexibilité et adaptabilité :

La flexibilité est la marque d'un financement créatif, et les négociateurs doivent incarner cette caractéristique. S'adapter aux circonstances changeantes, ajuster les conditions si nécessaire et explorer plusieurs stratégies de financement créatives démontrent une volonté de trouver un terrain d'entente.

Tirer parti des aspects uniques :

Le financement créatif implique souvent de tirer parti des aspects uniques d'une transaction. Qu'il s'agisse de l'état de la propriété, de la motivation du vendeur ou des conditions spécifiques du marché, des négociateurs compétents identifient et exploitent ces éléments uniques pour renforcer leur position et créer de la valeur pour toutes les parties.

Forfaits de construction :

Plutôt que de se concentrer sur des points de négociation uniques, les négociateurs avisés élaborent des packages complets qui abordent divers aspects de l'accord. Cela peut inclure de considérer le prix d'achat, les conditions de financement et d'autres éventualités comme des éléments interconnectés d'une proposition globale.

Création d'options :

Proposer plusieurs options peut être une technique de négociation puissante. En présentant aux vendeurs et aux investisseurs une gamme de solutions de financement créatives, les négociateurs leur permettent de choisir l'option qui correspond le mieux à leurs objectifs et à leur niveau de confort.

Le silence comme outil :

Le silence peut être un puissant outil de négociation. Autoriser des pauses stratégiques pendant les négociations donne à l'autre partie la possibilité d'envisager et éventuellement de proposer des concessions. Le silence peut créer un sentiment d'urgence et conduire à une issue plus favorable.

Bâtir la confiance dans les transactions immobilières non conventionnelles :

L'instauration de la confiance est primordiale dans toute transaction immobilière, mais elle revêt une importance accrue dans le contexte de transactions non conventionnelles où les normes traditionnelles peuvent être remises en question. La confiance est la monnaie qui facilite la coopération, la communication transparente et un financement créatif réussi.

Communication cohérente :

La cohérence dans la communication renforce la confiance au fil du temps. Les investisseurs doivent communiquer de manière proactive, en fournissant des mises à jour sur les progrès, en répondant aux préoccupations et en veillant à ce que toutes les parties soient bien informées tout au long du processus de financement créatif.

Transparence sur les risques :

La confiance est renforcée lorsque les investisseurs font preuve de transparence quant aux risques potentiels associés au financement créatif.

Reconnaître les défis, divulguer des informations pertinentes et formuler des attentes réalistes contribuent à un environnement de confiance et de crédibilité.

Honorer les engagements :

Le respect des engagements n'est pas négociable pour instaurer la confiance. Si les négociateurs font des promesses ou des engagements au cours des discussions, le respect de ces engagements renforce la crédibilité et établit un historique de fiabilité.

Références et témoignages :

Les témoignages positifs et les références de clients précédents peuvent constituer de puissants outils de renforcement de la confiance. Partager des histoires de réussite et des témoignages de personnes qui se sont engagées dans des accords de financement créatifs avec l'investisseur peut inspirer confiance aux vendeurs et investisseurs potentiels.

Professionnalisme et compétence :

Faire preuve de professionnalisme et de compétence fait partie intégrante de l'instauration de la confiance.

Les vendeurs et les investisseurs sont plus susceptibles de faire confiance aux personnes qui font preuve d'une compréhension approfondie du marché immobilier, des subtilités juridiques et des stratégies spécifiques utilisées dans le financement créatif.

Établissement de relations à long terme :

L'instauration de la confiance ne consiste pas seulement à conclure un accord immédiat, mais également à favoriser des relations à long terme.

Les investisseurs qui privilégient l'établissement de relations plutôt que les gains transactionnels sont plus susceptibles d'établir une réputation de fiabilité, attirant ainsi des clients réguliers et des références.

En conclusion, les compétences en négociation et en communication sont indispensables dans le monde du financement immobilier créatif. Une communication efficace établit une base solide, les techniques de négociation adaptent les solutions pour répondre aux besoins de toutes les parties, et l'instauration d'un climat de confiance garantit la longévité et le succès des transactions immobilières non conventionnelles. À mesure que les investisseurs perfectionnent ces compétences, ils s'équipent pour naviguer avec finesse dans les subtilités du financement créatif, créant ainsi des opportunités de réussite dans un paysage immobilier en constante évolution.

ANALYSE FINANCIÈRE ET GESTION DES RISQUES DANS LE FINANCEMENT IMMOBILIER CRÉATIF :

GARANTIR LE SUCCÈS DES AFFAIRES NON CONVENTIONNELLES

Le succès d'un financement immobilier créatif dépend d'une analyse financière astucieuse et d'une gestion efficace des risques. Cette section approfondit les aspects critiques de l'évaluation de la viabilité financière des opérations de financement créatives, de la mise en œuvre de stratégies d'atténuation des risques et du calcul des rendements pour évaluer les implications à long terme des transactions non conventionnelles. En maîtrisant ces dimensions financières et de gestion des risques, les investisseurs peuvent naviguer dans les complexités du financement créatif avec confiance et précision.

Évaluation de la viabilité financière des accords de financement créatifs:

Réaliser une analyse financière approfondie est la pierre angulaire pour déterminer la viabilité des opérations de financement créatives.

Contrairement aux transactions traditionnelles, le financement créatif implique souvent des structures et des conditions uniques, exigeant une approche nuancée de l'évaluation financière.

Projections de flux de trésorerie :

Il est essentiel de créer des projections précises des flux de trésorerie. Les investisseurs doivent calculer minutieusement les revenus et dépenses attendus associés à la propriété, en tenant compte de facteurs tels que les versements hypothécaires, les frais de gestion immobilière et les postes vacants potentiels. Ces projections servent de base à l'évaluation de la viabilité financière de l'opération.

Calcul du retour sur investissement (ROI) :

Le calcul du retour sur investissement est une mesure fondamentale pour évaluer la performance financière d'une opération de financement créative. Il s'agit de comparer les rendements attendus, y compris les revenus locatifs et l'appréciation potentielle, par rapport à l'investissement initial. Un retour sur investissement positif est le signe d'un investissement financièrement viable.

Analyse de sensibilité:

Compte tenu de la nature dynamique des marchés immobiliers, la réalisation d'une analyse de sensibilité est cruciale.

Cela implique d'évaluer l'impact des variations de facteurs clés, tels que les taux d'intérêt, la valeur des propriétés ou les revenus locatifs, sur les résultats financiers de la transaction. L'analyse de sensibilité aide les investisseurs à anticiper et à se préparer à différents scénarios de marché.

Coûts et conditions de financement :

Il est primordial d'examiner les coûts et les conditions de financement. Qu'il s'agisse de financement du vendeur, de prêt privé ou d'autres stratégies de financement créatives, il est essentiel de comprendre les taux d'intérêt, les calendriers de remboursement et tout paiement forfaitaire potentiel pour évaluer avec précision les obligations financières associées à la transaction.

Stratégies de sortie :

L'évaluation des stratégies de sortie potentielles est une composante stratégique de l'analyse financière.

Les investisseurs doivent envisager divers scénarios, notamment la vente de la propriété, le refinancement ou même la renégociation des conditions de financement, pour s'assurer qu'ils sont bien préparés à des circonstances imprévues ou à des changements dans les conditions du marché.

Stratégies d'atténuation des risques dans les transactions immobilières créatives :

L'atténuation des risques fait partie intégrante de l'investissement immobilier, et dans le domaine du financement créatif, où les structures non traditionnelles peuvent présenter des défis uniques, la gestion des risques devient encore plus critique.

Diligence raisonnable approfondie :

Une diligence raisonnable complète constitue la première ligne de défense contre les risques. Cela implique une recherche approfondie sur la propriété, son titre, tous les privilèges existants et les charges juridiques potentielles. Les investisseurs ne doivent négliger aucun effort pour découvrir les problèmes potentiels qui pourraient présenter des risques pour le succès de la transaction.

Consultation juridique :

Faire appel à des professionnels du droit possédant une expertise en droit immobilier constitue une stratégie proactive d'atténuation des risques.

Les experts juridiques peuvent identifier les pièges juridiques potentiels, garantir le respect des réglementations et fournir des conseils sur la structuration de la transaction de manière à minimiser les risques juridiques.

Assurance titres :

L'assurance titres est une mesure tangible d'atténuation des risques. Il offre une protection contre les défauts de titre imprévus ou les réclamations qui pourraient survenir après l'acquisition de la propriété. L'assurance titres offre un niveau de sécurité supplémentaire, notamment dans les transactions impliquant des méthodes de financement non conventionnelles.

La planification d'urgence:

Une gestion efficace des risques implique l'élaboration de plans d'urgence pour faire face aux défis potentiels. Qu'il s'agisse de réparations inattendues, de changements dans les conditions du marché ou de complications de financement, la mise en place de plans d'urgence permet aux investisseurs de relever les défis avec agilité.

Analyse de marché:

Réaliser une analyse approfondie du marché est crucial pour atténuer les risques. Comprendre les tendances actuelles du marché, les changements économiques potentiels et la demande pour des types spécifiques de propriétés dans la zone cible aide les investisseurs à prendre des décisions éclairées qui s'alignent sur la dynamique du marché.

Couverture d'assurance :

Une couverture d'assurance adéquate est une stratégie de gestion des risques non négociable. Les investisseurs doivent évaluer leurs besoins en matière d'assurance, y compris l'assurance des biens. l'assurance responsabilité civile et toute couverture supplémentaire requise pour les circonstances spécifiques de l'accord de financement créatif.

Calcul des rendements et évaluation des implications à long terme :

L'évaluation des rendements et la prise en compte des implications à long terme constituent la dernière étape de l'analyse financière d'un financement immobilier créatif.

Cela implique une évaluation complète de la rentabilité potentielle et de la durabilité de l'investissement.

Calcul du rendement en espèces :

Le calcul du rendement en espèces donne un aperçu du rendement annuel des liquidités réellement investies dans la propriété. Il s'agit d'une mesure utile pour les investisseurs pour évaluer la performance financière immédiate de l'investissement.

Analyse de la valeur actuelle nette (VAN) :
L'analyse VAN consiste à actualiser les flux de trésorerie futurs à leur valeur actuelle, en tenant compte de la valeur temporelle de l'argent. Cette méthode permet une compréhension plus complète de la valeur de l'investissement, en tenant compte du calendrier des entrées et sorties de trésorerie.

Considérations d'appréciation à long terme :
Il est crucial d'évaluer le potentiel d'appréciation d'une propriété à long terme.

Bien que les rendements immédiats soient importants, les investisseurs doivent également évaluer le potentiel d'appréciation à long terme de la propriété, en tenant compte des tendances du marché, des plans de développement de la région et d'autres considérations pertinentes.

Diversification du portefeuille :

Il est essentiel de considérer l'investissement dans le contexte d'un portefeuille global. Les investisseurs doivent évaluer dans quelle mesure l'accord de financement créatif s'aligne sur leurs objectifs d'investissement plus larges et s'il contribue à un portefeuille diversifié et résilient.

Évaluation de la stratégie de sortie :

La révision et l'affinement des stratégies de sortie sont un processus continu. À mesure que les conditions du marché évoluent et que les objectifs d'investissement changent, les investisseurs doivent évaluer régulièrement leurs stratégies de sortie pour s'assurer qu'elles correspondent aux circonstances et aux objectifs actuels.

Suivi du retour sur investissement (ROI) :

Il est crucial de surveiller en permanence le retour sur investissement réel par rapport aux projections initiales. En cas d'écarts, les investisseurs doivent évaluer les raisons qui sous-tendent ces écarts et ajuster leurs stratégies ou plans en conséquence.

En conclusion, l'analyse financière et la gestion des risques font partie intégrante du succès d'un financement immobilier créatif. Les investisseurs qui maîtrisent l'art d'évaluer la viabilité financière, de mettre en œuvre des stratégies efficaces d'atténuation des risques et d'évaluer les rendements et les implications à long terme se positionnent pour réussir dans le paysage dynamique et potentiellement lucratif des transactions immobilières non conventionnelles. À mesure que le marché immobilier évolue, ces compétences deviennent encore plus essentielles pour une prise de décision éclairée et une rentabilité durable.

MARKETING ET TROUVER DES OPPORTUNITÉS EN FINANCEMENT IMMOBILIER CRÉATIF :

CRÉER VOTRE IDENTITÉ, REPÉRER LES AFFAIRES POTENTIELLES ET CONSTRUIRE DES RELATIONS DURABLES

Dans le domaine du financement immobilier créatif, le marketing ne consiste pas seulement à promouvoir des propriétés ; il s'agit de vous présenter en tant qu'investisseur créatif. Cette section explore les subtilités du marketing dans le contexte du financement non conventionnel, fournissant des informations sur la promotion de votre approche unique, l'identification des propriétés adaptées à un financement créatif et l'établissement de relations vitales au sein de la communauté immobilière.

Présentez-vous en tant qu'investisseur immobilier créatif :

Se commercialiser efficacement en tant qu'investisseur immobilier créatif implique bien plus que des méthodes publicitaires traditionnelles.

Il s'agit de créer une identité distincte qui met en valeur votre capacité à naviguer dans les financements non conventionnels, à sortir des sentiers battus et à créer des accords mutuellement avantageux.

Présence en ligne:

Établir une solide présence en ligne est fondamental. Cela comprend un site Web professionnel qui met en valeur votre expertise, présente des études de cas réussies et fournit des ressources précieuses aux clients potentiels. Utilisez les plateformes de médias sociaux pour partager des informations, interagir avec la communauté et présenter votre approche unique du financement créatif.

Contenu éducatif :

Positionnez-vous comme une autorité en créant et en partageant du contenu éducatif. Cela peut inclure des articles de blog, des webinaires ou du contenu vidéo qui démystifie le financement créatif, répond aux préoccupations courantes et informe les clients potentiels sur les avantages de travailler avec un investisseur créatif.

Événements et séminaires de réseautage :

Participer et organiser des événements et des séminaires de réseautage. Celles-ci offrent la possibilité d'entrer en contact avec d'autres professionnels du secteur immobilier, de partager votre expertise et d'établir votre présence en tant qu'expert créatif en financement. Le réseautage est un outil puissant pour générer des références et établir des relations de collaboration.

Témoignages et histoires de réussite :

Présentez des témoignages et des histoires de réussite de clients précédents. Les commentaires positifs renforcent la confiance et la crédibilité, assurant aux clients potentiels que vous avez fait preuve de succès dans la négociation d'accords de financement créatifs.

La mise en évidence d'études de cas réelles démontre votre capacité à transformer les défis en opportunités.

Supports marketing spécialisés :
Développez du matériel marketing spécialisé qui met spécifiquement l'accent sur votre maîtrise du financement créatif. Cela peut inclure des brochures, des présentations ou des vidéos décrivant vos stratégies uniques, les avantages que vous apportez aux clients et la manière dont vous vous différenciez sur le marché.

Identifier les propriétés adaptées au financement créatif :

Les investisseurs immobiliers créatifs et prospères possèdent une grande capacité à identifier les propriétés qui correspondent à des stratégies de financement non conventionnelles. Cela implique une combinaison de connaissance du marché, de réflexion stratégique et d'une compréhension approfondie du potentiel de solutions de financement créatives.

Étude de marché:

Mener une étude de marché approfondie pour identifier les domaines présentant un potentiel d'opportunités de financement créatives. Analysez les tendances du marché, la valeur des propriétés et la demande pour certains types de propriétés. Comprendre la dynamique du marché vous permet d'identifier les propriétés qui peuvent convenir à des structures de financement créatives.

Propriétés en détresse :

Les propriétés en difficulté présentent souvent des opportunités uniques de financement créatif.

L'identification des propriétés confrontées à des défis financiers ou nécessitant des rénovations importantes ouvre la porte à des stratégies telles que les transactions soumises à conditions, où vous pouvez acquérir la propriété « sous réserve » de l'hypothèque existante et travailler à améliorer sa valeur.

Vendeurs motivés :

Recherchez des vendeurs motivés et ouverts à des solutions de financement créatives.

Les vendeurs confrontés à des circonstances urgentes, telles qu'un déménagement, des difficultés financières ou un héritage, peuvent être plus disposés à explorer des méthodes de financement non conventionnelles comme le financement du vendeur ou les options de location.

Annonces expirées :

Les annonces expirées représentent des opportunités potentielles. Les propriétés précédemment répertoriées mais non vendues peuvent signaler un vendeur motivé. Interagissez avec ces propriétaires, comprenez leurs défis et explorez comment un financement créatif peut répondre à leurs besoins spécifiques.

Réseautage avec des professionnels de l'immobilier :

Établissez des relations avec des professionnels de l'immobilier, notamment des agents, des courtiers et des gestionnaires immobiliers. Le réseautage avec ces personnes peut fournir des informations sur les opportunités à venir, les offres hors marché et les collaborations potentielles. Les professionnels de l'immobilier peuvent recommander des propriétés qui correspondent à votre expertise créative en matière de financement.

Réseautage et établissement de relations dans la communauté immobilière :

Construire un réseau solide au sein de la communauté immobilière est indispensable pour un investisseur immobilier créatif. Le réseautage ouvre les portes à des opportunités, favorise la collaboration et fait de vous un professionnel de confiance au sein de l'industrie.

Participer à des groupes immobiliers :
Rejoignez des groupes immobiliers locaux et en ligne où les professionnels se réunissent pour partager des idées, discuter des tendances et collaborer.

Participer activement à ces groupes vous permet d'entrer en contact avec des collaborateurs potentiels, d'apprendre des autres acteurs du secteur et de rester informé des évolutions du marché.

Participez aux événements de l'industrie :
Assistez à des conférences, des ateliers et des événements de l'industrie sur l'immobilier. Ces rassemblements offrent de précieuses opportunités de rencontrer d'autres

professionnels, de partager votre expertise et d'élargir votre réseau.

Les relations nouées lors de tels événements peuvent conduire à des projets de collaboration et à un accès à un bassin plus large d'opportunités.

Collaborez avec des professionnels de l'immobilier : Travaillez en collaboration avec des experts immobiliers, notamment des courtiers, des agents et des gestionnaires immobiliers. En établissant des relations solides avec ces personnes, vous pouvez accéder à un pipeline de transactions potentielles, obtenir un aperçu de la dynamique du marché et tirer parti de leur expertise pour naviguer dans les subtilités des transactions immobilières.

Offrez de la valeur à votre réseau : Apporter de la valeur à votre réseau est essentiel pour établir des relations durables. Partagez vos connaissances, offrez votre aide et soyez proactif pour aider les autres à atteindre leurs objectifs. En contribuant au succès des membres de votre réseau, vous vous imposez comme un partenaire fiable et solidaire.

S'engager dans des coentreprises :
Explorez les opportunités de coentreprises avec d'autres professionnels de l'immobilier.

Qu'il s'agisse de collaborer avec un agent pour identifier des propriétés adaptées ou de collaborer avec un expert en financement pour structurer des transactions créatives, les coentreprises peuvent amplifier votre portée et vos capacités.

Utiliser les plateformes en ligne :
Tirez parti des plateformes en ligne, telles que LinkedIn ou des forums axés sur l'immobilier, pour vous connecter avec des professionnels du secteur. Participez à des conversations significatives, partagez votre expertise et contribuez activement aux discussions. Ces plateformes offrent un espace virtuel de réseautage et d'établissement de relations.

En conclusion, se présenter en tant qu'investisseur immobilier créatif implique de mettre en valeur votre approche unique, d'identifier des propriétés alignées sur un financement non conventionnel et d'établir des relations durables au sein de la communauté immobilière. En combinant des stratégies de marketing efficaces avec un sens aigu des opportunités potentielles et un solide réseau de relations industrielles, vous vous positionnez pour réussir dans le paysage dynamique et en constante évolution du financement immobilier créatif.

TENDANCES FUTURES DU FINANCEMENT CRÉATIF :
NAVIGUER DANS LES INNOVATIONS, LA DYNAMIQUE DU MARCHÉ ET LES CHANGEMENTS RÉGLEMENTAIRES

Alors que le paysage du financement immobilier continue d'évoluer, l'avenir nous réserve une multitude d'innovations, de changements de marché et d'évolutions réglementaires qui façonneront la manière dont les investisseurs s'engagent dans un financement créatif. Cette section explore les principales tendances susceptibles d'influencer l'avenir du financement créatif, offrant un aperçu des innovations émergentes, de l'impératif de s'adapter à la dynamique du marché et de l'impact des changements réglementaires sur le paysage des transactions immobilières non conventionnelles.

Innovations en matière de financement immobilier :

L'avenir du financement créatif est sur le point d'être influencé par une vague d'innovations qui tirent parti de la technologie, de l'analyse des données et de l'évolution des préférences des consommateurs.

Les investisseurs qui adoptent ces innovations bénéficieront d'un avantage concurrentiel pour naviguer dans les complexités du paysage du financement immobilier.

Blockchain et contrats intelligents :

L'intégration de la technologie blockchain promet de transformer les transactions immobilières. La blockchain peut améliorer la transparence, la sécurité et l'efficacité des transactions immobilières, en rationalisant les processus et en réduisant le besoin d'intermédiaires. Les contrats intelligents, contrats auto-exécutables dont les termes de l'accord sont directement écrits dans le code, ont le potentiel d'automatiser et d'améliorer l'exécution des accords de financement immobilier.

Plateformes de financement participatif :

Le financement participatif a déjà bouleversé les modèles de financement traditionnels et son impact est susceptible de s'intensifier. Les plateformes de financement participatif immobilier permettent aux investisseurs de mettre en commun leurs ressources pour financer des projets, donnant ainsi accès à une base d'investisseurs plus large et diversifiant les risques.

À mesure que ces plateformes continuent d'évoluer, elles pourraient offrir de nouvelles opportunités de financement créatif, permettant aux investisseurs de participer à des transactions non conventionnelles.

Solutions Fintech pour un financement créatif :

L'intersection de la finance et de la technologie, ou « fintech », remodèle le secteur financier, et le financement immobilier ne fait pas exception.

Les solutions Fintech sont susceptibles de simplifier et de rationaliser le processus de financement créatif, en offrant des plateformes numériques pour la négociation, la gestion des transactions et même des structures de financement innovantes. Des modèles d'évaluation automatisés aux plateformes hypothécaires en ligne, les innovations fintech devraient améliorer l'efficacité et l'accessibilité du financement créatif.

Tokenisation des actifs immobiliers :

La tokenisation consiste à représenter la propriété d'actifs immobiliers sous forme de jetons numériques sur les plateformes blockchain.

Cette innovation a le potentiel d'augmenter la liquidité sur les marchés immobiliers, permettant ainsi aux investisseurs d'acheter et de vendre plus facilement des propriétés en multipropriété. Les structures de financement créatives peuvent évoluer pour intégrer la tokenisation, permettant ainsi de nouveaux modèles d'investissement plus flexibles.

Prise de décision basée sur les données :
La disponibilité croissante des données et des outils d'analyse avancés permettront aux investisseurs de prendre des décisions plus éclairées. L'analyse prédictive, l'apprentissage automatique et l'intelligence artificielle peuvent être exploités pour évaluer les tendances du marché, évaluer les risques et identifier les opportunités de financement créatif. Les investisseurs qui exploitent la puissance des informations basées sur les données seront mieux placés pour naviguer dans les complexités du marché immobilier.

S'adapter aux changements du marché :

La dynamique du marché joue un rôle central dans l'élaboration du paysage du financement créatif. Les investisseurs doivent rester agiles et adaptatifs, répondant à l'évolution de la demande, aux tendances émergentes et à l'évolution des besoins des acheteurs et des vendeurs sur le marché immobilier.

Modification des données démographiques et des préférences en matière de style de vie :

Les préférences et les priorités des acheteurs de maison évoluent, en fonction de l'évolution des données démographiques et des choix de mode de vie. La génération Y, qui représente désormais une force importante sur le marché immobilier, recherche souvent des options de financement flexibles et non conventionnelles. Les investisseurs qui comprennent ces préférences changeantes et s'y adaptent seront bien placés pour proposer des solutions de financement créatives qui répondent aux exigences du marché.

Montée du financement durable et écologique :

La durabilité environnementale gagne en importance dans l'immobilier. Les modèles de financement qui donnent la priorité aux initiatives vertes et respectueuses de l'environnement vont probablement devenir plus répandus. Les investisseurs peuvent explorer des options de financement créatives qui encouragent les pratiques durables, comme l'offre de conditions avantageuses pour des améliorations immobilières économes en énergie.

Intégration de la réalité virtuelle et augmentée :

Les technologies liées à la réalité virtuelle et augmentée se développent à un rythme accéléré. Ces technologies peuvent révolutionner la façon dont les propriétés sont présentées, permettant aux investisseurs d'effectuer des visites et des évaluations virtuelles. Des négociations de financement créatives peuvent tirer parti de ces technologies, permettant aux parties de s'engager dans des expériences immersives qui améliorent la prise de décision et la collaboration.

Flexibilité dans les modalités de travail :

L'évolution vers le travail à distance et des modalités de travail flexibles a des implications sur le financement immobilier. Les investisseurs peuvent constater une demande accrue de propriétés destinées aux bureaux à domicile ou aux espaces de travail à distance. Les structures de financement créatives devront peut-être s'adapter pour s'adapter à la dynamique changeante de la manière dont les individus utilisent et valorisent l'immobilier.

Conditions économiques et tendances des taux d'intérêt :

La conjoncture économique et l'évolution des taux d'intérêt continueront d'influencer le marché immobilier.

Les investisseurs doivent rester vigilants dans la surveillance des indicateurs économiques et ajuster leurs stratégies de financement créatives en conséquence.

La flexibilité nécessaire pour s'adapter aux fluctuations des taux d'intérêt et aux incertitudes économiques est la clé du succès à long terme.

Développements réglementaires ayant un impact sur le financement créatif :

Les changements réglementaires ont un impact profond sur le paysage du financement immobilier, façonnant les structures autorisées, les exigences de conformité et les considérations de risque associées au financement créatif. Les investisseurs doivent se tenir au courant de l'évolution des réglementations pour naviguer dans les subtilités juridiques des transactions immobilières non conventionnelles.

Réglementation des crypto-monnaies et tokenisation :

À mesure que les technologies de blockchain et de cryptomonnaie gagnent du terrain, les autorités de régulation s'intéressent de plus en plus à leurs implications dans les transactions immobilières. Le statut juridique des crypto-monnaies et le cadre réglementaire de la tokenisation peuvent influencer la manière dont les investisseurs intègrent ces innovations dans leurs stratégies de financement créatives. Le respect des réglementations en évolution dans ce domaine est primordial.

Mesures de protection des consommateurs :

Les gouvernements et les organismes de réglementation tiennent à protéger les consommateurs dans les transactions immobilières. Étant donné que les opérations de financement créatives impliquent souvent des structures non traditionnelles, la surveillance réglementaire peut s'intensifier pour garantir la transparence, l'équité et la protection des droits des consommateurs. Les investisseurs doivent se familiariser avec ces réglementations pour maintenir des pratiques éthiques et une conformité.

Adaptation aux réglementations locales de zonage et d'utilisation des terres :

Les réglementations locales en matière de zonage et d'utilisation des terres ont un impact sur la faisabilité de stratégies de financement créatives. Les investisseurs doivent surveiller les changements dans ces réglementations qui peuvent affecter les utilisations autorisées des propriétés et la faisabilité de certaines structures de financement. Comprendre et s'adapter aux environnements réglementaires locaux est crucial pour un financement créatif réussi.

Licences et conformité pour les solutions Fintech :

Les solutions Fintech dans le domaine du financement immobilier peuvent être soumises à des exigences de licence et réglementaires spécifiques. Les investisseurs utilisant des plateformes ou des technologies fintech doivent garantir le respect des réglementations financières et des lois sur la protection des données.

Le respect des normes réglementaires sera essentiel pour éviter les contestations judiciaires et maintenir l'intégrité des transactions.

Incitatifs et programmes gouvernementaux :

Les gouvernements mettent souvent en place des incitations et des programmes pour stimuler des aspects spécifiques du marché immobilier. Les investisseurs engagés dans un financement créatif peuvent bénéficier d'être informés des initiatives gouvernementales, des incitations fiscales et des programmes de financement qui correspondent à leurs stratégies. La collaboration avec des programmes parrainés par le gouvernement peut offrir des opportunités uniques de financement créatif.

En conclusion, l'avenir du financement créatif dans l'immobilier se situe à l'intersection de l'innovation, de l'adaptabilité aux évolutions du marché et d'une compréhension nuancée des évolutions réglementaires. Les investisseurs qui adoptent de manière proactive les technologies émergentes, restent à l'écoute de la dynamique du marché et naviguent dans les complexités réglementaires seront bien placés pour prospérer dans le paysage changeant des transactions immobilières non conventionnelles. À mesure que le secteur continue d'évoluer, une approche avant-gardiste et éclairée sera essentielle pour réussir dans le monde dynamique du financement immobilier créatif.

CONCLUSION:
NAVIGUER À LA FRONTIÈRE DU FINANCEMENT IMMOBILIER CRÉATIF

Dans le domaine complexe de l'investissement immobilier, l'exploration de financements créatifs dévoile une frontière de possibilités qui s'étend au-delà des frontières conventionnelles. Alors que nous concluons ce voyage à travers les subtilités du financement créatif, récapitulons les concepts clés et encourageons les investisseurs à s'engager sur la voie passionnante de la découverte d'opportunités dans le paysage en constante évolution de l'immobilier.

Récapitulatif des concepts clés :

Diverses stratégies de financement créatives :

Le financement créatif n'est pas un concept monolithique ; il s'agit d'un ensemble de stratégies diverses qui peuvent être adaptées à des circonstances spécifiques. Du financement du vendeur aux options de location en passant par les transactions soumises à conditions et les partenariats créatifs, les investisseurs disposent d'une gamme d'outils. Comprendre les nuances de chaque stratégie permet aux investisseurs d'adapter leur approche en fonction des caractéristiques uniques de chaque transaction.

Dynamique des risques et des récompenses :

Tout investissement comporte des risques inhérents, et le financement créatif ne fait pas exception. Cependant, c'est la gestion stratégique des risques qui mène souvent à des récompenses lucratives. Les investisseurs doivent faire preuve d'une diligence raisonnable approfondie, recourir à des stratégies d'atténuation des risques et équilibrer les défis potentiels avec les récompenses que le financement créatif peut offrir.

Compétence en analyse financière :

La maîtrise de l'art de l'analyse financière est essentielle au succès du financement créatif. Qu'il s'agisse de l'évaluation des projections de flux de trésorerie, du calcul des rendements ou de l'évaluation des implications à long terme des transactions, les investisseurs doivent avoir une compréhension approfondie de la viabilité financière. Des compétences financières adaptables sont essentielles pour naviguer dans le paysage dynamique des investissements immobiliers.

Considérations juridiques et conformité :

Les transactions immobilières, en particulier celles impliquant un financement créatif, sont étroitement liées à des considérations juridiques. Le respect des lois immobilières, un examen approfondi des accords contractuels et l'atténuation des risques juridiques sont primordiaux. L'engagement de professionnels du droit garantit que les investisseurs traversent le paysage juridique avec confiance et intégrité.

Compétences en négociation et en communication :

Une communication et une négociation efficaces sont les pierres angulaires du succès des accords de financement créatifs. Construire la confiance avec les vendeurs et les investisseurs, comprendre leurs motivations et naviguer habilement dans les négociations contribuent au talent artistique des transactions immobilières non conventionnelles. Investir dans le perfectionnement de ces compétences interpersonnelles porte ses fruits dans la danse complexe des négociations immobilières.

Analyse financière et gestion des risques :

Les deux piliers de l'analyse financière et de la gestion des risques soutiennent la structure d'un financement immobilier créatif. Des évaluations financières rigoureuses, des stratégies d'atténuation des risques et un œil vigilant sur les tendances du marché renforcent collectivement la capacité d'un investisseur à prendre des décisions éclairées, à s'adapter aux défis et à se positionner pour un succès durable.

Stratégies de marketing et de réseautage :

Le marketing ne concerne pas seulement les propriétés, mais aussi la promotion de soi-même en tant qu'investisseur immobilier créatif. Établir une présence en ligne, partager du contenu éducatif, assister à des événements de réseautage et collaborer avec des professionnels de l'immobilier contribuent à construire une identité de marque qui résonne dans la communauté immobilière. Le marketing stratégique et le réseautage ouvrent les portes à des opportunités et constituent la base d'un succès durable.

Tendances et innovations futures :

À mesure que le paysage du financement immobilier évolue, les investisseurs doivent rester à l'écoute des tendances et innovations futures. La blockchain, le financement participatif, les solutions fintech, la tokenisation et la prise de décision basée sur les données façonnent l'avenir du financement créatif. S'adapter aux changements du marché, reconnaître les préférences émergentes des consommateurs et tirer parti des innovations technologiques sont essentiels pour rester en tête dans ce domaine dynamique.

Encouragement à l'exploration d'opportunités de financement créatives dans l'immobilier :

Alors que nous nous trouvons au carrefour de la tradition et de l'innovation en matière de financement immobilier, il est essentiel de reconnaître le vaste potentiel qui réside dans l'adoption de la créativité. Les encouragements abondent pour les investisseurs désireux d'explorer et d'ouvrir de nouvelles voies dans le paysage immobilier.

Adoptez un état d'esprit d'innovation :

Les investisseurs les plus performants sont souvent ceux qui adoptent un état d'esprit innovant.

Le financement créatif consiste à sortir de l'ordinaire, à imaginer de nouvelles possibilités et à trouver des solutions pionnières que d'autres pourraient négliger. Un état d'esprit d'innovation ouvre les portes à des opportunités qui peuvent redéfinir la trajectoire de votre parcours d'investissement immobilier.

Apprentissage continu et adaptation :

Le marché immobilier est en constante évolution en raison de facteurs sociologiques, technologiques et économiques. Un engagement envers l'apprentissage et l'adaptation continus est primordial. Restez informé des tendances du marché, des développements de l'industrie et de l'évolution des réglementations. Participez à une formation continue pour affiner vos compétences et garder une longueur d'avance.

Collaborer et réseauter de manière stratégique :

L'immobilier est un secteur collaboratif et le réseautage stratégique est un catalyseur de succès. Collaborez avec d'autres professionnels, construisez un réseau solide et recherchez des opportunités de coentreprise.

La sagesse collective et l'expertise diversifiée au sein de votre réseau peuvent fournir ces informations, ouvrir des portes à des opportunités et enrichir votre parcours vers un financement créatif.

Diversifiez votre boîte à outils de financement créatif :

Le monde du financement créatif offre un ensemble diversifié d'outils. Diversifiez votre boîte à outils en explorant diverses stratégies et en comprenant comment chacune peut être appliquée dans différents scénarios. Un investisseur polyvalent doté d'une gamme d'options de financement créatives est mieux placé pour naviguer dans les subtilités du marché immobilier.

Résilience face aux défis :

Les défis sont inhérents à tout parcours d'investissement, et le financement créatif ne fait pas exception. Développez votre résilience pour affronter les défis de front, considérez les revers comme des opportunités d'apprentissage et adaptez vos stratégies si nécessaire. La résilience, associée à une approche proactive, vous permet de surmonter les obstacles et de prospérer dans un paysage immobilier en constante évolution.

Pratiques éthiques et engagement communautaire : Le fondement d'une carrière immobilière durable et réussie réside dans des pratiques éthiques et un engagement communautaire. Respectez les normes éthiques dans vos transactions, privilégiez la transparence et contribuez positivement à la communauté immobilière.

Bâtir une réputation d'intégrité et de fiabilité favorise la confiance et fait de vous une figure respectée dans l'industrie.

En conclusion, explorer des opportunités de financement créatives dans l'immobilier n'est pas seulement une aventure vers des modèles financiers alternatifs ; c'est un voyage d'innovation, d'adaptabilité et de prospective stratégique. Alors que vous parcourez les complexités de ce paysage, n'oubliez pas que chaque transaction est une toile qui attend votre touche créative. Relevez les défis, saisissez les opportunités et cultivez un état d'esprit qui vous propulse vers un avenir où les limites de l'investissement immobilier sont définies par votre ingéniosité et votre résilience. Le monde du financement créatif est à vous de façonner, d'explorer et de conquérir.

REMERCIEMENTS

Alors que nous arrivons à la dernière page, je tiens à exprimer ma plus profonde gratitude à ceux qui ont rendu ce voyage possible. À ma famille, dont le soutien indéfectible a alimenté mes efforts créatifs ; à mes amis, dont les encouragements ont égayé même les jours d'écriture les plus sombres ; et aux lecteurs, sans qui ces mots ne feraient que résonner dans la solitude.

Je suis redevable aux innombrables auteurs dont les mots m'ont inspiré, aux mentors qui m'ont guidé et à la communauté littéraire qui continue d'enrichir mon parcours d'écriture.